L'ABBÉ DE L'ÉPÉE

NOTICE

PAR L'ABBÉ ED. RIEFFEL

CURRIÈRE
IMPRIMERIE DE L'ÉCOLE DES SOURDS-MUETS
1896

L'ABBÉ DE L'ÉPÉE

L'ABBÉ DE L'ÉPÉE.

Aux Sourds-Muets

SOUVENIR AFFECTUEUX.

24 Novembre 1896

Louons ces hommes illustres, qui sont nos aïeux, par lesquels Dieu a fait éclater sa gloire et sa grande puissance; ils ont été riches en vertu; ce sont des hommes de charité et de miséricorde; et les œuvres de leur piété subsisteront pour toujours.

(Eccli., XLIV.)

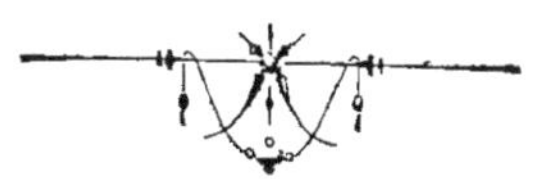

L'ABBÉ DE L'ÉPÉE

NOTICE

PAR L'ABBÉ ED. RIEFFEL

L'un des spectacles les plus émouvants, les plus capables de réjouir le cœur, d'élever et de ravir notre âme, c'est assurément la vue d'un ciel pur, sans nuages, lorsque, dans le calme d'une belle nuit, nous contemplons ces myriades d'astres qui resplendissent au-dessus de nos têtes, différant les uns des autres, soit par leur éclat, soit par leur grandeur.

Un spectacle bien plus capable encore d'exciter en nous l'admiration, les grandes pensées, les nobles sentiments, nous est réservé dans le monde intellectuel et moral, lorsque, parcourant les annales des peuples, nos regards s'arrêtent et se reposent avec délices sur ces hommes de génie, envoyés par la Providence pour répandre dans la société l'exemple édifiant de leurs vertus et les bienfaits de leur ardente charité. Semblables aux astres qui reçoivent du soleil leur clarté et leur chaleur, ces hommes vertueux, au milieu des ténèbres de l'ignorance, apparaissent comme le reflet de la lumière éternelle, le miroir de la majesté de Dieu et l'image de sa bonté.

Parmi les personnages du dernier siècle, auxquels la religion et la patrie ont décerné, à juste titre, le nom de *grands,* parce qu'ils ont réuni de grandes vertus à de grands talents, la charité au génie ; parmi ces illustres bienfaiteurs de l'humanité, dont la mémoire sera éternelle, parce qu'ils ont, à la fois, enseigné et pratiqué le bien avec un rare dévouement, nous devons surtout honorer l'abbé de l'Epée, fondateur de la première école ouverte pour l'éducation des infortunés privés de l'ouïe et de la parole.

C'est la vie de cet homme de charité que nous allons brièvement et simplement retracer ; nous ferons connaître en peu de mots les éminentes vertus de celui que les

Sourds-Muets vénèrent, à juste titre, comme leur père adoptif, comme leur père intellectuel, car c'est à lui qu'ils doivent l'inappréciable bienfait de l'éducation, le bonheur d'être rendus à la religion et à la société.

❧

Charles-Michel de l'Epée naquit à Versailles le 24 novembre 1712.

Son père, architecte du roi, se distinguait par une piété éclairée et une probité sévère ; il eut soin de donner à ses enfants une éducation chrétienne, de leur inculquer des principes solides et de confirmer ses conseils par le bon exemple.

Doué d'un heureux caractère, vivant au sein d'une famille vertueuse, grandissant sous l'influence salutaire de la religion, le jeune de l'Epée se trouvait dans les conditions les plus favorables pour cultiver, développer les bons sentiments qui lui étaient naturels et les affermir toujours davantage.

Aussi conserva-t-il toujours ses mœurs pures ; il avait même une conscience timorée ; étant avancé en âge, il parlait ainsi confidentiellement à l'un de ses amis : « Grâce à Dieu, je n'ai jamais commis de ces fautes qui tuent les âmes ; mais je suis épouvanté quand je réfléchis combien j'ai mal répondu à une si grande faveur du ciel ; une mauvaise pensée m'a poursuivi une seule fois dans mon jeune âge, Dieu me donna de prier et de vaincre ; ç'a été sans retour ; et j'arrive, après une carrière longue et tranquille, au jugement de Dieu, avec cette unique victoire. Ce sont les grands combats qui font les saints : Dieu a tout fait pour mon salut, et je n'ai rien fait qui réponde à l'excellence de sa grâce. »

Le jeune de l'Epée, pendant ses études, obtint de brillants succès ; lorsqu'il les acheva, il résolut d'embrasser la carrière ecclésiastique. Il avait alors dix-sept ans.

Mais, avant de recevoir les Ordres sacrés, on exigea son adhésion à une formule de foi condamnant les doctrines jansénistes. Il crut bien faire de refuser et ne voulut point signer ce que sa conscience désavouait.

Les Ordres lui furent refusés.

De l'Epée dut embrasser une autre carrière ; il choisit celle du barreau, selon le désir de ses parents, et, après avoir subi les examens voulus, se fit recevoir avocat au parlement de Paris le 13 juillet 1733.

Telle n'était pas sa vocation; aussi le voyons-nous reprendre bientôt l'étude de la théologie, aspirant plus que jamais à remplir le ministère sacerdotal.

Enfin ses vœux furent satisfaits : J.-J. Bossuet, évêque de Troyes, l'appela auprès de lui et l'ordonna prêtre le 5 avril 1738, après l'avoir, dès 1736, destiné à la cure de Feuges, près Arcis-sur-Aube.

Durant cinq années, il exerça les fonctions ecclésiastiques avec toute la ferveur de son zèle; tandis qu'il éclairait et pénétrait les âmes par une éloquence simple et pleine d'onction, il édifiait par ses exemples, gagnant tous les cœurs par sa bienveillance, sa modestie, son esprit de tolérance, sa charité qui ne connaissait point de bornes.

Ce bon prêtre, écrit un de ses amis, l'abbé Fauchet qui, en 1790, prononça son oraison funèbre, ce saint prêtre chérissait tous les hommes et ne connaissait pas ces antipathies d'opinions qui ont fait tant de mal sur la terre. Il n'était ni un dévot ombrageux, ni un homme de parti, et accueillait avec bonté les personnes opposées à ses principes ou à ses croyances. « Souffrons, disait-il avec Fénelon, toutes les religions, puisque Dieu les souffre. »

Après la mort de l'évêque de Troyes, son protecteur, l'abbé de l'Epée entretint des relations intimes avec Mgr Soanen, évêque de Senez, qui professait les doctrines jansénistes. Ce fut pour lui la source de bien douloureuses épreuves; il encourut, en effet, les censures de l'archevêque de Paris, et dès lors il lui fut absolument interdit de remplir les fonctions du ministère ecclésiastique.

Je ne contesterai pas que l'abbé de l'Epée n'ait adopté certaines erreurs du jansénisme, mais j'aime à croire que sa bonne foi et sa charité lui auront obtenu auprès de Dieu le pardon de cette faute déplorable.

Au milieu de ses peines, il donna toujours l'exemple d'une constante résignation. Un jour, au début du carême, s'étant présenté dans sa propre paroisse pour y recevoir les cendres, il est repoussé publiquement par le prêtre chargé de faire cette cérémonie. « Monsieur, répond noblement l'abbé de l'Epée, c'est en qualité de pécheur que je me suis prosterné à vos pieds pour vous prier de répandre sur ma tête les cendres de la pénitence publique; vous me les refusez; pour l'humiliation, c'est au moins comme si je les avais reçues. J'ai rempli le devoir de ma conscience; je ne veux pas tourmenter la vôtre. »

Quiconque sait combien son ardeur pour le bien était grande et sa charité immense, comprendra aisément ce qu'il dut souffrir par suite de l'inaction à laquelle il fut réduit.

Cette situation pénible ne dura pas moins de neuf ans.

La Providence fit alors naître l'occasion qui détermina l'abbé de l'Epée à entreprendre l'œuvre de la régénération intellectuelle et morale des Sourds-Muets.

Voici en quels termes le fait est rapporté par son disciple, son successeur immédiat, l'abbé Sicard, dans l'ouvrage qu'il nous a laissé sous le titre de *Cours d'instruction d'un Sourd-Muet de naissance.*

Deux Sourdes-Muettes vivaient dans la maison paternelle, rue des Fossés-Saint-

Victor, à Paris, en face de la maison des Frères de la Doctrine chrétienne. Dans l'âge où l'on songe à disposer du sort de leurs pareilles, ces deux sœurs recevaient les leçons d'un doctrinaire (le P. Vanin) qui, sans méthode, essayait de remplacer chez elles la parole et l'ouïe.

On avait obtenu quelques succès, quand elles perdirent ce charitable instituteur. Ces deux infortunées furent touchées de cette perte; mais la mère, plus malheureuse qu'elles, la sentit plus vivement, la mère qui vit toutes ses espérances s'évanouir en un instant et ses deux filles condamnées à ne jamais communiquer avec celle qui ne cessait de pleurer le malheur de sa fécondité.

L'abbé de l'Epée a occasion d'aller dans cette maison ; il trouve la mère absente ; il demande à attendre son retour ; on l'introduit.

Les deux Muettes le reçoivent avec cet air intéressant qu'on a toujours à cet âge, dont un silence, qui ne ressemble en rien à celui de quelqu'un condamné à ne jamais le rompre, relève les charmes ingénus.

L'abbé de l'Epée fait quelques questions; les jeunes personnes restent immobiles, les yeux fixés sur leur ouvrage.

Il parle encore, on ne lui répond pas davantage.

Il ignorait que les deux sœurs étaient malheureusement condamnées à ne jamais entendre.

La mère arrive, tout s'explique; le bon abbé mêle ses larmes aux larmes maternelles et se retire, non sans songer aux moyens de remplacer le bon P. Vanin, en rendant, s'il se peut, à ces jeunes personnes la parole et l'ouïe.

« Croyant, dit l'abbé de l'Epée, que ces deux enfants vivraient et mourraient dans l'ignorance de leur religion, si je n'essayais pas de la leur apprendre, je fus touché de compassion pour elles, et je dis qu'on pouvait me les amener, que je me consacrerais entièrement à ces infortunées. »

Dès lors, une nouvelle carrière s'ouvre devant lui, carrière absolument inconnue et hérissée de difficultés; mais aucun obstacle n'est capable d'arrêter celui qui met au service d'un cœur généreux et dévoué une volonté énergique et persévérante.

Quel moyen notre instituteur de sourds-muets emploiera-t-il pour mener à bonne fin l'œuvre ardue qu'il ose entreprendre?

« La route des estampes, dit-il, n'était point de mon goût. L'alphabet manuel français et les signes ordinaires par lesquels on montre avec la main les choses dont on écrit les noms ne suffisaient pas pour conduire à l'intelligence des mots. Il me parut donc qu'une méthode de signes combinés devait être la voie la plus commode et la plus sûre, parce qu'elle pourrait également s'appliquer aux choses absentes ou présentes, dépendantes ou indépendantes des sens. Ç'a été, en effet, la route que j'ai prise; et, avec le secours d'une telle méthode, j'ai formé les élèves dont on a vu les exercices publics et aux leçons desquels il vient tous les jours des personnes qui me font honneur, mais que je n'ai jamais cherché à y attirer. »

Pour répondre à ses contradicteurs, l'abbé de l'Epée pensa pouvoir publier sa méthode (1774-1776); mais il ne le fit que malgré lui et sous le voile de l'anonyme; il fuyait les louanges et la gloire, autant que d'autres les recherchent, et demeurait insensible aux félicitations des grands et des savants; « à son âme haute et sainte, le bien accompli semblait si naturel qu'il ne croyait pas qu'on dût jamais lui en tenir compte. »

Durant tout le reste de sa carrière, nous voyons le pieux instituteur travailler au bonheur des Sourds-Muets avec une patience inaltérable, une incomparable modestie, j'ajouterai un désintéressement rare, une entière abnégation de la fortune et de la renommée.

La charité de l'abbé de l'Epée fut *sans bornes*. Au début du XVIIIe siècle, plusieurs personnages s'étaient occupés d'instruire des Sourds-Muets mais individuellement; ce fut une éducation privée.

L'abbé de l'Epée embrasse par la pensée et dans son cœur tous les sourds-muets sans exception, de toutes les nations, présents et à venir. Il veut faire du bien à tous et les rendre tous à Dieu et à la société.

Dans ce but, il fonde une école publique spéciale pour les sourds-muets et il avise aux moyens d'en établir dans toutes les autres contrées ; il apprend plusieurs langues ; il propage la mimique comme langage universel et entreprend de composer un dictionnaire de cette langue ; il fait un appel pressant à tous les souverains et forme des instituteurs pour l'Italie, l'Allemagne et l'Espagne.

L'abbé de l'Epée avait une vaste intelligence, du génie ; mais il avait surtout un cœur vaste, immense, une charité sans limites, immense comme la mer.

« C'est uniquement pour les sourds et muets, dit-il, que je me suis appris à moi-même les langues italienne, espagnole, allemande et anglaise. Je suis même disposé à apprendre toute autre langue dans laquelle il faudrait instruire un Sourd et Muet qui me serait amené par l'ordre de la Providence.

Puissent ces différentes nations ouvrir les yeux sur l'avantage qu'elles retireraient de l'établissement d'une école pour l'instruction des Sourds et Muets de leur pays !

Je leur ai offert et je leur offre encore mes services ; mais toujours à condition qu'elles n'oublieront pas que je n'en attends (et que je n'en recevrais) aucune récompense, de quelque nature qu'elle puisse être. »

La charité de l'abbé de l'Epée fut entièrement *désintéressée*. Il vient de le déclarer, et il a été fidèle à sa parole ; il ne veut ni argent, ni honneurs, ni gloire.

En consacrant son existence à l'éducation des sourds et muets, l'abbé de l'Epée n'ignorait pas « que l'enseignement des sourds et muets est un ouvrage pénible, engage à des dépenses et qu'il ne rapporte rien. » Cette perspective ne le découragea pas.

Il donnait toutes ses leçons gratuitement : « Les riches, disait-il, ne viennent chez moi que par tolérance ; ce n'est point à eux que je me suis consacré, c'est aux pauvres ; sans ces derniers, je n'aurais pas entrepris l'éducation des Sourds-Muets. Les riches ont le moyen de chercher et de payer quelqu'un pour les instruire. »

En 1780, l'impératrice Catherine II

charge son ambassadeur d'offrir de riches présents à l'abbé de l'Epée. « Monseigneur, répond le prêtre charitable, je ne reçois jamais d'or, mais dites à Sa Majesté que si mes travaux lui ont paru dignes de quelque estime, je ne lui demande pour toute faveur que de m'envoyer un Sourd-Muet de naissance que j'instruirai. »

L'empereur Joseph II lui offre une abbaye dans ses Etats. L'abbé de l'Epée aurait accepté un riche bénéfice au début de son entreprise pour en faire servir les ressources au profit de l'institution. « Mais je suis déjà vieux, dit-il ; si Votre Majesté veut du bien aux sourds-muets, ce n'est pas sur ma tête déjà courbée vers la tombe qu'il faut le placer, c'est sur l'œuvre elle-même. Il est digne d'un grand prince de la perpétuer pour le bien de l'humanité. »

Ces nobles paroles ne restèrent pas sans effet ; l'empereur Joseph envoya l'abbé Storck, de Vienne, pour suivre les cours de l'abbé de l'Epée et fonda plus tard une école de Sourds-Muets dans ses Etats.

L'abbé de l'Epée n'ambitionnait pas plus les honneurs, la célébrité, la gloire que les richesses ; son humilité égalait son désintéressement.

Il avait appris que M. Pereire s'appliquait à l'enseignement des sourds-muets et que plusieurs étaient parvenus à un degré d'instruction digne de grands éloges. S'efforcera-t-il de faire prévaloir sa méthode ? Nullement ; il la fera imprimer contre son gré afin de la faire connaître ; mais il est disposé à employer tout autre système meilleur. « Je souhaiterais, écrit-il, pour le bien de l'humanité, que M. Pereire eût trouvé une méthode préférable à la mienne. En ce cas je l'adopterais de tout mon cœur, et avec beaucoup d'actions de grâces. Il n'est point ici question de la joie d'être auteur : il s'agit de faire tout ce que nous pouvons pour nous rendre utiles aux Sourds-Muets, présents et à venir. »

Citons un autre trait de son admirable modestie. Un de ses élèves, de Seine, sculpteur et graveur, avait fait son buste sur lequel il avait écrit ces mots :

Il révèle à la fois le secret merveilleux
De parler par les mains, d'entendre par les yeux.

L'abbé de l'Epée, l'ayant aperçu, demanda le prix du buste à l'auteur, le paya et brisa cette image.

Mais de Seine trompa la vigilance de son maître bien-aimé et, pour ne pas froisser sa modestie, il dut recommencer le travail en secret.

A cette charité sans bornes et désintéressée l'apôtre des Sourds-Muets joignait une *générosité* non moins remarquable. Il fonda une école gratuite pour les sourds-muets et non seulement se chargea des frais d'entretien et de nourriture des élèves dont le nombre augmenta jusqu'à quatre-vingts, mais il paya encore le traitement des maîtres et des maîtresses.

Les ressources dont il disposait étaient parfois insuffisantes ; alors son frère, architecte du roi, était obligé de lui venir en aide.

Econome dans ses repas comme dans son entretien, il portait une soutane usée et, pendant l'hiver rigoureux de 1788, il se priva de feu « pour ne pas faire tort au patrimoine sacré de ses enfants. »

Ses élèves l'ayant appris en furent vivement affligés et le supplièrent, les larmes aux yeux, de conserver sa santé et sa vie pour ses enfants adoptifs.

—o—

L'histoire du jeune comte de Solar, sourd-muet abandonné, auquel l'abbé de l'Epée prodigua une sollicitude vraiment paternelle, est trop intéressante pour être passée sous silence.

M. Ferdinand Berthier en a raconté, dans un style plein de charme les circonstances principales [1] ; nous devons nous borner ici à la rapporter succinctement.

Le 1er août 1773, en Picardie, sur la grande route de Péronne, un jeune Sourd-Muet est trouvé dans l'état le plus pitoyable.

Recueilli d'abord par M. Le Roux et sa femme qui habitaient Cuvilly, l'enfant est ensuite placé à Bicêtre, où il tombe malade, puis transporté à l'Hôtel-Dieu.

C'est là que l'abbé de l'Epée, alors âgé de 64 ans, eut l'occasion de voir le malheureux Sourd-Muet.

Il l'interroge par gestes et apprend que

[1] *L'Abbé de l'Epée*, par F. BERTHIER ; pages 85-131.

cet enfant appartient à des parents riches; que son père est mort et que sa mère avait quatre enfants; qu'un jour on l'a fait monter sur un cheval avec un cavalier, après lui avoir mis un masque, et qu'après l'avoir mené bien loin, le cavalier l'a abandonné.

Le charitable instituteur, touché de compassion, résolut de faire toutes les recherches possibles pour découvrir le lieu de la naissance du jeune Sourd-Muet ainsi que la demeure de ses parents.

En 1776, il le retire de l'hôpital et, sous le nom de Joseph, le place chez M. Chevreau, maître de pension, auquel il avait déjà confié vingt-six Sourds-Muets.

D'après les renseignements qui lui sont donnés au mois de juin de la même année, l'abbé de l'Epée est persuadé que Joseph est le fils de Mme la comtesse de Solar, veuve de M. Solar, ancien militaire, et domiciliée à Toulouse.

Les juges du Châtelet partagent cette croyance et en 1778 déclarent que Joseph est de la famille des comtes de Solar.

Le jeune homme est envoyé à Toulouse avec un juge et le Sourd-Muet Deydier comme interprète; mais en parcourant la ville il assure ne rien reconnaître.

Néanmoins la sentence du tribunal est confirmée.

L'abbé de l'Epée étant mort, les adversaires de Joseph qui prétendaient que le véritable fils du comte de Solar était décédé en 1774 réussirent à faire casser le jugement rendu en faveur du malheureux Sourd-Muet.

Celui-ci, sans famille et sans ressource, s'engage dans un régiment de dragons et meurt trois mois après sur le champ de bataille, en 1792.

Ce fait toutefois n'est pas certain; d'autres affirment qu'il termina sa pénible existence dans un hôpital.

L'identité du comte de Solar n'est donc pas certifiée; et cet épisode mémorable reste environné de mystères.

L'abbé de l'Epée réunissait habituellement les Sourds-muets dans une maison de la rue des Moulins que son frère habitait; ils étaient au nombre de quatre-vingts environ, des deux sexes.

Il admettait le public dans son école pendant qu'il enseignait les élèves.

Les jours de congé il conduisait les enfants à Montmartre (rue des Martyrs) où il avait loué une petite habitation ; là il prenait part à leur récréation et leur racontait des historiettes instructives et amusantes.

En 1785, l'Ecole des Sourds-Muets fut transférée dans les bâtiments du couvent des Célestins, conformément au vœu que l'abbé de l'Epée avait exprimé ; mais le célèbre instituteur n'eut pas la satisfaction d'occuper lui-même ce local avec ses élèves.

C'est dans le même local que se trouve aujourd'hui l'Institution nationale des Sourds-Muets de Paris.

L'abbé de l'Epée, avant la fin de ses jours, eut le bonheur de voir son œuvre solidement établie et propagée dans presque toutes les contrées de l'Europe.

Il mourut le 23 décembre 1789, âgé de 77 ans, après avoir reçu les derniers sacrements, et fut inhumé dans l'église Saint-Roch, sa paroisse, dans la chapelle même où il avait coutume de célébrer la messe que ses Sourds-Muets, à tour de rôle, servaient de vive voix.

L'Assemblée nationale, en date des 10-14 septembre 1791, décréta que le nom de l'abbé de l'Epée serait placé au rang de ceux des citoyens qui ont le mieux mérité de l'humanité et de la patrie, et que son institution serait entretenue aux frais de l'Etat.

En 1841, un monument fut élevé à sa mémoire dans l'église Saint-Roch, à Paris; et le 3 septembre 1843, une statue lui fut érigée, au moyen de souscriptions, sur une des places de Versailles, sa ville natale.

Lorsqu'il commença l'œuvre de la régénération morale des Sourds-Muets, l'abbé de l'Epée n'avait semé dans son champ qu'un petit grain de sénevé.

Ce grain, arrosé de ses sueurs, a grandi, il s'est développé; et le voilà aujourd'hui devenu comme un arbre immense à l'ombre duquel les oiseaux du ciel peuvent venir se reposer, et dont les branches s'étendent jusqu'aux extrémités du monde.

En parcourant la vie de l'abbé de l'Epée,

vie laborieuse et toute de charité, nous avons été profondément touchés à la vue d'un si admirable dévouement.

Que notre admiration ne soit pas stérile!

Marchons sur les traces de l'apôtre des Sourds-Muets toujours en avant, toujours plus haut.

En passant sur le chemin de la vie, faisons le bien sans trêve, sans acception de personnes, comme notre Père céleste qui répand la lumière et la chaleur vivifiante du soleil sur les bons comme sur les méchants, et la pluie fécondante sur les justes et sur ceux qui ne le sont pas; et puisons toujours dans leur seule véritable source, dans la religion, le génie du bien, l'héroïsme de la charité.

Et vous, chers Sourds-Muets, qui célébrez chaque année la mémoire de l'abbé de l'Epée par des fêtes solennelles et qui attestez ainsi hautement que vous avez *la mémoire du cœur,* n'oubliez pas de rendre aussi grâces à Dieu; car c'est Dieu qui vous a envoyé ce prêtre dévoué pour retirer vos âmes des ténèbres de l'ignorance et de l'ombre de la mort du péché, pour vous enseigner la science du salut, vous conduire dans les sentiers de la justice et de la paix et vous introduire dans le séjour de la félicité éternelle. (*Luc*, I.)

Vous témoignerez votre sincère reconnaissance si à la science des choses profanes vous joignez toujours la connaissance et l'amour de Dieu; si toujours, de toutes vos forces, vous tendez au but pour lequel vous êtes créés, sauver votre âme.

« A quoi servirait, dit l'abbé Sicard, une instruction qui présente tant de dégoûts et de découragement, si l'on ne parvenait par elle à la connaissance véritablement utile pour les Sourds-Muets? Ce fut pour en faire des chrétiens que le célèbre inventeur de cette belle découverte consacra à cet établissement de bienfaisance et sa fortune et les plus belles années de sa vie. »

Le samedi 25 février 1805, le pape Pie VII daigna visiter l'Institution des Sourds-Muets de Paris; le Saint Père bénit solennellement la chapelle de l'Ecole, puis se rendit dans la salle des séances où tous les élèves sourds-muets étaient réunis.

L'abbé Sicard, avant de commencer les exercices, adressa une allocution au Souverain Pontife ; voici en quels termes il fait l'éloge de l'abbé de l'Epée :

« Vous descendez, Très Saint Père, jusque dans cette humble demeure, et vous y apportez, comme partout où votre charité vous conduit, la consolation, le bonheur et une sainte allégresse...

C'est la Religion qui en a fait concevoir la première idée, et c'est la Religion encore qui a fécondé dans l'esprit qui l'avait conçue cette pensée si heureuse et si grande. C'est le désir de faire naître l'idée de Jésus-Christ dans le cœur de tant d'infortunés, et de les initier aux mystères de cette sainte croyance, dont vous êtes le premier Pasteur et le Chef suprême, qui embrâsa le cœur d'un des prêtres les plus religieux de cette capitale.

Une bonté sans bornes, une charité sans mesure, un zèle égal à cette charité, voilà quel a été le caractère de l'œuvre de l'illustre abbé de l'Epée, seul inventeur de cette découverte, le plus ardent propagateur de cette œuvre sublime, à laquelle il a consacré et son patriotisme et toutes ses forces, jusqu'au moment où il a été appelé pour aller recevoir au ciel le prix éternel d'un si grand dévouement. »

QUELQUES RÉPONSES
DU SOURD-MUET MASSIEU
ÉLÈVE DE L'ABBÉ SICARD

A cette question : « Qu'est-ce que la reconnaissance? » Massieu répondit : « C'est la mémoire du cœur. »

×

Louis Bonaparte, premier consul, lui ayant demandé : « Quelle est la personne que l'homme aime le plus en ce monde? » Massieu répondit : « C'est son père, c'est sa mère à cause qu'ils sont les auteurs de ses jours. »

×

Le cardinal Fesch, archevêque de Lyon, lui fit la question suivante : « Qu'est-ce que la religion ? »

« La religion, dit Massieu, est l'alliance entre Dieu et

les hommes, le culte que nous rendons à notre Créateur; la boussole de nos devoirs envers lui, envers nos semblables, envers nous-mêmes; l'accolade que les hommes donnent à leur Créateur, comme celle que les enfants donnent à leur père. »

×

Au mois de février 1805, Sa Sainteté le Pape Pie VII fit demander à Massieu ce que c'est que l'enfer.

Le Sourd-Muet répondit : « L'enfer est le supplice éternel des méchants; un déluge de feu qui ne finit pas et dont Dieu se sert pour punir ceux qui meurent en l'outrageant. »

×

On lui demanda un jour quelle différence il y a entre Dieu et la Nature.

« Dieu, répondit-il, est la tête invisible de l'univers, la main mystérieuse du monde, le moteur de la nature, le créateur du ciel et de la terre, le soleil de l'éternité, le premier être, l'être suprême, l'être par excellence, le seul grand, le seul puissant, le *Très-Haut*.

Il est le créateur de toutes choses

Les premiers êtres sont sortis de son sein. Il leur a dit : Vous ferez les seconds; vous en produirez d'autres, mes volontés sont des lois; l'ensemble de mes lois c'est la nature. »

×

En 1815, on lui demanda quel est le meilleur gouvernement; Massieu fit aussitôt cette réponse : « C'est le gouvernement paternel. »

Curriere, imp. de l'École des S.-M.

www.ingramcontent.com/pod-product-compliance
Ingram Content Group UK Ltd.
Pitfield, Milton Keynes, MK11 3LW, UK
UKHW022157190726
13855UKWH00004B/1529